Wilde Früchte und Beeren am Wegesrand

.

SUSANNE PUST

Wilde Früchte und Beeren am Wegesrand

Servus

DAS GROSSE KLEINE BUCH 53

Inhalt

——

Sammelregeln

- Das Ernten der Früchte von geschützten Pflanzen ist verboten!

- Sammeln Sie nur Früchte, die Sie hundertprozentig kennen, um Verwechslungen mit anderen, vielleicht giftigen zu vermeiden!

- Gesammelt werden die Früchte von trockenen, sauberen Sträuchern und Bäumen bei trockenem Wetter.

- Nehmen Sie Früchte nur von ungedüngten, nicht mit Herbiziden belasteten Feld-, Wald- und Wiesenrändern!

- Achten Sie darauf, dass auch die Wildtiere ihren Anteil an den Früchten bekommen, sie sind möglicherweise auf diese Futterquelle angewiesen!

- Pflücken und sammeln Sie stets mit Dankbarkeit für das Geschenk, das uns die Natur macht.

Berberitze
(Berberis vulgaris)

Familie: Berberitzengewächse
Volksnamen: Sauerdorn, Maisslbeer, Zitzenbeer,
Essigbeere

Der dornenbewehrte Strauch erhielt seinen Namen von den
Römern, die ihn nach der Heimat der Berber in Nordafrika,
wo er weit verbreitet war, „Berberis" nannten.
Im Mai duften seine gelben Blütenrispen, die zwischen
den kleinen, frischgrünen, eiförmigen, gezähnten Blättern
hängen, intensiv. Ab August kann man die schmal-längli-
chen roten Beeren ernten, die wegen ihres süß-sauren Geschmacks besonders in den arabischen Ländern so gerne für
Reis-, Fisch- und Fleischgerichte verwendet werden. In Europa ist es eher Tradition, die Früchte getrocknet wie Rosi-
nen als winterliche Vitaminspender zu nützen oder Marmelade daraus zu bereiten. In der Volksheilkunde ist die
Wurzelrinde des Sauerdorns durch das in ihr enthaltene Al-

kaloid Berberin als Leber-Galle-Mittel bekannt, es soll Bluthochdruck senken und akute Bauchspeicheldrüsenentzündung heilen.

BERBERITZEN-TOPFEN-TÖRTCHEN

Blätterteig • 250 g Topfen • 1 Ei • ½ Päckchen Vanillepuddingpulver
3 EL Milch • 3–4 EL Zucker • 3–4 EL Berberitzenfrüchte frisch
oder getrocknet (eventuell in Rum eingeweicht)

Den Topfen mit Ei, Zucker und dem mit der Milch verquirlten Puddingpulver verrühren und die Berberitzen dazugeben. Die Muffinformen mit Blätterteigstücken auslegen, den Rand ein bisschen überstehen lassen. Anschließend mit der Topfencreme füllen und mit Heißluft bei 160°C 20 – 30 Minuten lang backen. Ausgekühlt anzuckern, eventuell mit einer Vanillecreme aus dem restlichen Vanillepuddingpulver servieren.

Bocksdorn

(Lycium barbarum)

Familie: Nachtschattengewächse

Volksnamen: Teufelszwirn, Hexenzwirn, Chinesische Wolfsbeere, Buchsdorn, Goji-Beere

Ab August kann man an sonnenexponierten Mauern, Zäunen und trockenen, sandigen Schuttplätzen zwischen langen, bogig überhängenden, dornenbewehrten Zweigen

orangerote Beeren finden, die die für Nachtschattengewächse höchst typische, länglich-eiförmige Form besitzen
und wie ein kleiner Lampion unter einem ausgeprägten
Kelch hängen. In den ca. 2 Zentimeter großen Früchten
steckt ein kleiner Kern und – folgt man der Chinesischen
Medizin – eine große Heilwirkung.

Tatsächlich enthält die Beere u. a. Vitamine, Ellagsäure, Ze-
axanthin und Lutein, Stoffe, die antioxidative, krebshem-
mende und den Sehnerv schützende Eigenschaften haben
sollen. Auch eine immunstärkende und aphrodisierende
Wirkung wird dem Teufelszwirn zugeschrieben, der, diesem
Namen alle Ehre machend, sich ausdauernd ins Astwerk an-
derer Sträucher windet. Die ursprüngliche Heimat des
Bocks- oder Buchsdorns – die Blätter erinnern an den
Buchsbaum (Buxus sempervirens) – ist wahrscheinlich
Kleinasien, er kommt aber auch in Amerika und Australien
vor, ist weit verbreitet in China und seit ca. 150 Jahren bei
uns eingebürgert. Im Gegensatz zu seinen Verwandten, den
Kartoffeln und Tomaten, erweist er sich als äußerst winter-
hart (bis – 25°C). Im deutschsprachigen Raum galt die Pflanze lange Zeit als giftig, was jedoch nie bestätigt wurde. Ganz
im Gegenteil, mittlerweile genießen der Saft aus den Früchten sowie die getrockneten Beeren einen ausgezeichneten
Ruf als gesundheitsfördernde Nascherei.

Brombeere

(Rubus fruticosus)

Familie: Rosengewächse
Name: aus dem Althochdeutschen „brāmberi" =
Dorngebüschbeere

Die wehrhafte Pflanze mit den langen, überhängenden, stachelbewehrten Trieben macht es uns nicht leicht, an ihre im September reifenden Beeren zu gelangen. Dieser Habitus unterscheidet sie auch von der Kratzbeere (Rubus caesius) mit ihren niederliegenden, dünnen, kriechenden Ranken und den ungleichmäßigen, weiß bereiften Beeren.

Meist muss man bis zum Herbst warten, bis die anfangs rötlichen, sauren Früchte tiefschwarz und süß geworden sind. Dann allerdings hat man eine köstlich schmeckende Vitamin- und Vitalstoffbombe im Mund, die aufgrund ihres besonders hohen Gehalts an Fruchtsäuren und Anthocyanen vor Alterungsprozessen, Entzündungen und Krebs schützen soll.

Anthocyane heißen rot-violette, wasserlösliche Pflanzenstoffe, welche freie Radikale, also aggressive Nebenprodukte des Sauerstoff-Stoffwechsels, neutralisieren. Nicht zu verachten sind auch die gezähnten, auf der Unterseite bestachelten Blätter der Brombeere. Viele gekaufte Teemischungen weisen sie als „Füllmittel" auf, können aber auch als Einzeldroge (Rubi fruticosi folium) ihre heilsame Wirkung entfalten. Die enthaltenen Gerbstoffe wirken zusammenziehend, was bei Durchfall, Halsentzündung und Hautkrankheiten wertvolle Dienste leistet.

Belebender
„Tee für den Mann"

2 Teile Brombeerblätter • ½ Teil Beifußblätter
je 1 Teil Brennnesselblätter und Bohnenkraut
ein paar Körnchen Weihrauch

Weihrauch mit kaltem Wasser ansetzen und zum Kochen bringen. Damit die Kräuter übergießen und 10 Minuten lang zugedeckt ziehen lassen; 2 Tassen pro Tag für 3 Wochen.

Eberesche
(Sorbus aucuparia)

Familie: Rosengewächse
Volksnamen: Vogelbeere, Drosselbeere, Amselbeere, Aberesche

Die „Zitrone des Nordens" ist ein wegen seiner Verträglichkeit von Autoabgasen gern entlang von Straßen gepflanzter Baum, der mit seinen fiedrigen Blättern der Esche (Fraxinus excelsior) ähnelt, sich aber ab dem Hochsommer durch seine orange- bis korallenroten Beerendolden verlässlich von ihr unterscheidet.

Die Vogelbeeren dienen nicht nur mehr als 60 Vogelarten, die auch die Samen mit ihren Ausscheidungen verbreiten, als Nahrung. Der bekannte Vogelbeerschnaps sowie Rezepte für Saft, Sirup und Marmelade zeigen, dass auch der Mensch den leicht bitteren Geschmack und den hohen Gehalt an Vitamin C zu schätzen weiß. Entgegen der oft herrschenden Meinung sind die Beeren nicht giftig, besitzen jedoch, roh genossen, durch die enthaltene Parasorbinsäure eine leicht abführende Wirkung, die durch Erhitzen unwirksam gemacht wird.

Die Früchte verbleiben meist bis zur Mitte des Winters am Baum und verlieren durch die Frosteinwirkung die meisten Bitterstoffe, ein Umstand, den man sich durch Einfrieren zunutze machen kann, wenn man die Vogelbeeren verarbeiten möchte.

EBERESCHEN-APFEL-MARMELADE

Abgerebelte und ca. eine Woche eingefrorene Ebereschen-
beeren mit der gleichen Menge geschälter Apfelstücke und
der entsprechenden Menge Gelierzucker zu Marmelade
einkochen.

In der germanischen Mythologie galt die Eberesche als
Schutzbaum zur Abwehr von Krankheiten und bösen Mäch-
ten. Der keltische Baumkreis zählt sie zu den Lebensbäu-
men, die den Menschen, die in ihrem Zeichen geboren sind,
Lebensfreude und Anpassungsfähigkeit schenken.

Eibe
(Taxus baccata)

Familie: Eibengewächse
Volksnamen: Bogenbaum, Taxe, Eife

Die wohl schattenverträglichste Baumart in unseren Breiten steht unter Naturschutz und ist, abgesehen von den in Gärten und Parks gepflanzten Exemplaren, nur mehr in wenigen Buchenwaldzonen, eine davon ist am Fuße des Traunsteins zu finden, vertreten.

Noch junge Bäumchen könnte man auf den ersten Blick mit Tannen verwechseln, jedoch sind die Ästchen der Eibe biegsamer und weicher. Ihre Nadeln haben keinen hellen Wachsstrich auf der Unterseite und ihre Rinde ist nicht glatt und weißgrau, sondern braungrau gefurcht und löst sich in kleinen Platten ab. Alle Pflanzenteile der Eibe sind giftig, bereits ein Absud von 50 bis 100 Gramm der Nadeln kann für den Menschen tödlich sein. Nur das süße Fruchtfleisch der leuchtend roten Beeren an den weiblichen Bäumen, Samenmantel genannt, enthält kein giftiges Alkaloid und kann zu Marmelade und Saft verkocht werden, sofern man den innen liegenden Kern entfernt.

Die Volksheilkunde kennt Anwendungen gegen Epilepsie, Rheumatismus, Hautkrankheiten und als Abortivum, heute wird die Eibe eher in homöopathischen Arzneien verwendet.

In vielen Kulturen war die Eibe der Baum der Wiedergeburt, der Fröhlichkeit, des Los-lassen-Könnens, aber auch eine todbringende, für Pfeilgifte und Giftmorde eingesetzte Pflanze. Ihre mystische Zauberkraft wurde zum Vertreiben böser Mächte und für Räucherungen gegen Unheil verwendet.

Allerheiligenräucherung

Baldrian, Engelwurz und Eibe sollen unerfüllte Wünsche möglich machen, Dunkles erhellen, Altes gehen lassen.

Felsenbirne

(Amelanchier ovalis)

❧❧

Familie: Rosengewächse
Volksnamen: Edelweißstrauch, Korinthenstrauch, Hirschbirle, Gamsbeere

Der einheimische Strauch wird wegen seines Zierwerts – langzipflige, weiße Blüten im April und Mai, lang gestielte, ovale, fein gezähnte, unterseitig behaarte Blätter, die sich im Herbst intensiv orange bis rot färben – gerne in Parkanlagen und Gärten gepflanzt. Natürliche Vorkommen finden sich noch an den kalkigen Steilhängen des Traunsteins.

Der Name ist allerdings irreführend, denn wer hier birnenartige Früchte sucht, wird enttäuscht werden. Die ab August reifenden Beeren der Felsenbirne sind erbsengroß, blaurot bis rotschwarz gefärbt, mit zurückgekrümmten Kelchblättern an der Unterseite und erinnern eher an bereifte Heidelbeeren als an Birnen. Sie schmecken, zu Marmelade und Saft verkocht, besser noch als Likör angesetzt, köstlich süß

mit einem marzipanartigen Aroma. Außerdem entfalten sie im Körper eine basische Wirkung und sollen Herzleistung und Blutdruck günstig beeinflussen. Das Marzipanaroma rührt von geringen Mengen an Blausäure-Glycosiden her, die man auch von Apfel- oder Marillenkernen kennt. Deshalb ist empfindlichen Personen vom Rohverzehr großer Mengen der womöglich noch unreifen Früchte abzuraten, erhitzt können sie aber bedenkenlos genossen werden.

FELSENBIRNENLIKÖR

3 Tassen reifer Früchte mit einem Liter Ansatzkorn für 6 Wochen an die Sonne stellen, nach Geschmack mit Kandiszucker süßen und nach dem Abseihen noch 2 bis 3 Monate lang im Keller reifen lassen.

Heidelbeere

(Vaccinium myrtillus)

Familie: Heidekrautgewächse
Volksnamen: Blaubeere, Schwarzbeere, Zeckbeere

Nährstoffarme Wälder und moorige, saure Böden sind der bevorzugte Standort der Heidelbeere, die sich mithilfe von Mykorrhiza-Pilzen an ihren bis einen Meter langen Wurzeln ernährt.

Die kahlen, stark verzweigten Ästchen bieten auch im Winter, ohne Blätter, einen hübschen Anblick und werden deshalb gerne in herbstlichen Gestecken verwendet. Allerdings sollte man sich beim Pflücken auf einige wenige Triebe beschränken, da die Sträucher für das Wild eine wichtige Futterquelle in der kalten Jahreszeit darstellen.

Schon im April entdeckt man in den Blattachseln der niedrigen Sträucher nickende, rosafarbene Blüten mit kleinen, zurückgebogenen, hellen Blütenzipfeln. Die eiförmigen und am Blattrand fein gesägten, im Sommer grasgrünen

Blättchen färben sich im Herbst rostrot. Ab Juli beginnt, vielerorts mit dem „Blaubeerkamm" oder „Raffel", die Ernte der schwarzblauen, am unteren Ende abgeflachten Beeren, die, neben Vitaminen und Mineralstoffen, auch das Mund und Zähne blau färbende Anthocyan enthalten.

Nach Paracelsus sind die Beeren ein Allheilmittel für Magen, Darm, Herz und für die Blutreinigung. Die Volksheilkunde verwendet die Blättchen als Tee gegen Diabetes, der allerdings nicht länger als 3 Wochen getrunken werden soll. Getrocknete Früchte sollen – langsam gekaut – durch die in ihnen enthaltenen Gerbstoffe gegen Durchfall wirksam sein.

Himbeere

(Rubus idaeus)

Familie: Rosengewächse
Volksnamen: Hindebeere, Rehbockbeere

Dass der Himbeersaft, das beliebte Kindergetränk, im Grunde ein Heilmittel ist, wusste man schon im frühen Mittelalter und so wurde die Himbeere in den Klöstern wegen des hohen Gehalts ihrer Früchte an Vitamin C und E, Kalium sowie verschiedenen Fruchtsäuren kultiviert. In der Volksheilkunde ist sie aufgrund ihrer Phytohormone eine typische Frauenpflanze, wurde aber auch gegen Nieren- und Blasenbeschwerden und als Heilnahrung bei Fieber eingesetzt. Darüber hinaus werden ihr vor Krebs schützende Eigenschaften zugesprochen und dort, wo sie und andere Beerensträucher wie Brombeeren oder Weißdorn sich selbst ansiedeln, soll der Platz frei von schädlicher Strahlung sein.

In der Natur sind diese wertvollen Sträucher an sonnigen Waldlichtungen und Schlägen zu finden, wo sie sich mit ihren nur leicht bestachelten Ruten und den unterseitig weiß-silbrigen, drei- bis fünfzählig gefiederten Laubblättern gut von der Brombeere unterscheiden lassen.

Nach den weißen Blüten im Mai/Juni, die gerne von Bienen besucht werden, erscheinen meist ab Juli/August die Himbeeren (botanisch gesehen: Sammelsteinfrüchte), die sich beim Pflücken charakteristischerweise ganz leicht vom Blütenboden lösen. Hat man vergessen, ein geeignetes Behältnis zur Ernte mitzunehmen, gibt es eine gute Methode, die druckempfindlichen Früchte heil nach Hause zu transportieren: Man fädelt die Himbeeren auf lange Grasstängel, deren unteres Ende man mit einem Knoten gesichert hat.

Wer sich im Novembernebel noch einmal zu einem Waldspaziergang aufmacht, kann die durch die Witterung schon fermentierten Laubblätter sammeln und zuhause als Himbeertee genießen.

Kornelkirsche

(Cornus mas)

Familie: Hartriegelgewächse
Volksnamen: Dirndlstrauch, Herlitze, Dürlitze

Der Dirndlstrauch überrascht manchmal schon im Februar mit kleinen, süß duftenden gelben Blütendolden, die aus den noch kahlen Hecken leuchten. Damit ist er ein wichtiges und wertvolles Nährgehölz für früh fliegende Bienen.
Erst nach der Blüte erscheinen grüne, eiförmig-elliptische Blätter, die aussehen, als hätte man sie mit den Fingern entlang ihrer Mittellinie etwas zusammengedrückt. Das sowie die orangebraune Herbstfärbung unterscheiden die Kornelkirsche vom Laub des Roten Hartriegels, eines Familienmitgliedes, dessen kleine, schwarze Beeren ungenießbar sind. Gemeinsam ist den beiden Cornus-Gewächsen allerdings das harte, zähe Holz des Stammes, das früher als Hammerstiel oder Türriegel (Name!) gedient hat – das härteste Holz, das in Europa wächst.

Die Dirndl besitzen einen hohen Vitamin-C-Gehalt und ein feines Aroma, das allerdings erst bei voll reifen, schwarz-rot gefärbten Früchten zutage kommt.

Dirndl-Oliven
(Rezept für noch nicht ganz reife Früchte)

3 Tassen gewaschene Kornelkirschen • 1/8 l Essig
1/8 l Wasser • 3 Gewürznelken • 2 TL Senfkörner
1 TL Wacholderbeeren • 1 TL Salz • 3 TL Zucker

Alle Zutaten außer den Kornelkirschen in einem Topf ein paar Minuten gut durchkochen lassen und abschmecken. Die Früchte dazugeben, aufkochen, abseihen und in vorbereitete Marmeladegläser füllen. Den kochenden Sud über die Früchte gießen, Gläser verschließen und auf den Kopf gestellt auskühlen lassen. 4 Wochen lang kühl und dunkel reifen lassen.

Kratzbeere
(Rubus caesius)

Familie: Rosengewächse
Volksnamen: Bereifte Brombeere, Bockbeere,
Kroatzbeere, Ackerbeere

Kriechende Sträucher mit langen, dünnen, fein bestachelten Ranken, die, wie man meinen könnte, in Bodennähe nur

darauf warten, sich um die Füße des Waldspaziergängers oder Schwammerlsuchers zu winden, Schuhe und Beine zu zerkratzen und dafür nicht einmal besonders schmackhafte Beeren anzubieten haben – das sind die „Kroatzbeeren".

Die ungleichmäßig geformten, schwarzblauen, weiß bereiften Beeren ähneln den Brombeeren (Rubus fruticosus), sind aber bei Weitem nicht so aromatisch, leicht säuerlich und verursachen bei vielen Menschen beim Rohverzehr ein Kratzen im Hals.

Besser verarbeitet man die Früchte zu Likör:
3 Tassen Kratzbeeren mit einem Liter Korn übergießen, eine Vanilleschote beifügen und in ein warmes Zimmer (nicht in die Sonne) stellen. Nach 6 Wochen abseihen, gut abtropfen lassen und mit Läuterzucker (⅛ l Wasser mit 125 g Zucker aufkochen, dann abkühlen lassen) nach Geschmack süßen. Am besten noch kühl und dunkel ein paar Wochen nachreifen lassen.

Die Kratzbeeren-Blätter, von April bis September gepflückt, sind allerdings gut zu verwenden: Man kann sie frisch oder getrocknet als Tee genießen, der auch aufgrund seines Gehalts an Gerbstoffen bei Darm- und Durchfallerkrankungen hilfreich ist. Außerdem kennt die Volksheilkunde deren blutreinigende und schleimlösende Wirkung.

Mahonie

(Mahonia aquifolium)

Familie: Berberitzengewächse

Obwohl zu der dornenbewehrten Familie der Berberitzen gehörend, besitzen Mahonien keine Stacheln an den Zweigen, nur die immergrünen, gefiederten Blätter sind an den Rändern spitz gezähnt und können doch recht empfindlich stechen. Dadurch kommt es auch manchmal zu Verwechslungen mit der Gemeinen Stechpalme (Ilex aquifolium), die winzige, weiße Blüten hat und deren rote Beeren giftig sind.

Die attraktiven, großen gelben Blütentrauben der Mahonien duften im Mai betörend und sind deswegen auch als Zierpflanzen in Gärten und Parklandschaften sehr beliebt. Außer dass sie vielen Insekten wie Hummeln und Faltern Nahrung bieten, stellen sie eine aromatische Dekoration von Salaten und Süßspeisen dar und verwandeln, einige Tage in Mandelöl ausgezogen, dieses in duftendes Parfümöl. Weniger bekannt ist die Verwendung der erbsengroßen,

schwarzblauen, bereiften Beeren, deren sehr saurer Geschmack wieder die Verwandtschaft zu den Berberitzen verrät. Man kann sie zu einem dunkelroten Saft pressen, zu Marmelade verkochen oder – wie Preiselbeeren – einer Wildsoße beigeben.

Von der Verwendung der Blätter, Wurzeln und Rinde sollte man absehen, ihre Alkaloide verursachen Brechdurchfall und werden in homöopathischen Zubereitungen gegen Hautleiden, Neurodermitis und Schuppenflechte eingesetzt.

Mispel
(Mespilus germanica)

Familie: Rosengewächse
Volksnamen: Asperl, Hespelein, Hundsärsch, Echte Mispel

Diese alte, ursprünglich aus Asien stammende Obstsorte war im Mittelalter in Europa weit verbreitet. Der kleinwüchsige Baum mit der ausladenden Krone trägt an dicht verzweigten Ästen große, dunkelgrüne, oval zugespitzte, an der Unterseite filzig behaarte Blätter und blüht im Mai mit großen, hübschen rosa-weißen Blüten. Die Mispeln reifen spät im Jahr. Im Oktober oder November erntet man braune, rauschalige, apfelähnliche Früchte, die an ihrer deutlich abgeflachten Unterseite lange, spitze Kelchblätter tragen. Anfangs noch steinhart, veredeln die ersten Nachtfröste das Fruchtfleisch der Mispel zu einem mehligen, doch aromatischen Mus, das, direkt aus der pelzigen Haut gedrückt, roh gegessen werden kann.
Die Natur kann man überlisten, indem man die Ernte für ein paar Tage im Tiefkühlschrank einfriert. Dadurch wer-

den die enthaltenen Tannine und Fruchtsäuren abgebaut, der Zuckergehalt steigt und einer Verarbeitung zu Marmelade oder einem feinen Dessert steht nichts mehr im Wege.

ᴀSPERL-DESSERT

Ein Kilogramm reifer Asperl waschen, mit wenig Wasser 5 Minuten lang zugedeckt köcheln lassen und ausgekühlt durch ein Sieb passieren. Das entstandene Mus mit Zucker, Vanillezucker, etwas Orangensaft und abgeriebener Orangenschale abschmecken. ¼ Liter Obers steif schlagen und locker unter das Mus ziehen, sodass die Creme noch etwas zweifarbig erscheint.

Moosbeere

(Vaccinium oxycoccos)

❧❦❧

Familie: Heidekrautgewächse

Die seltenen, immergrünen Zwergsträucher mit den faden-dünnen, bis zu einem Meter weit kriechenden Zweigen tragen ab Mai lang gestielte, rosafarbene Blüten, die mit ihren hübschen, zurückgeschlagenen Blütenblättern an Miniatur-Türkenbunde erinnern. Man findet sie meist in nährstoffar-men Mooren und Moorwäldern, wo sich Schlenken, das sind nasse, teils wassergefüllte Vertiefungen, und Bulte, er-höhte Kuppen aus Torf und Torfmoosen, abwechseln. Die-ser Standort zeigt auch schon, dass die Moosbeere Stick-stoff gar nicht liebt und saure Böden bevorzugt. Ihre Seltenheit ist der Kultivierung der Landschaft und damit dem Verlust an natürlichem Lebensraum geschuldet. Die Bestände liegen meist in Naturschutzgebieten, was das Sammeln sehr einschränkt. Die sauren, an Vitamin C rei-chen Beeren (der lateinische Name leitet sich vom griechi-

schen oxys = sauer, scharf und kokkos = Beere ab) erscheinen im Frühherbst und überdauern meist den Winter. Wie winzige, leuchtend rote Äpfelchen liegen sie auf dem Torfmoos, da die zarte Pflanze ihr Gewicht gar nicht tragen kann. Das weiße Fruchtfleisch schmeckt, ähnlich der Preiselbeere, herb-säuerlich und genau wie diese wird die Moosbeere für Marmeladen, Saft und als Beigabe zu Wildgerichten verwendet.

Besonders in der russischen Volksmedizin nutzt man ihre antibakterielle Wirkung bei Verdauungsstörungen und Durchfall sowie, mit Honig gemischt, als Hustenarznei.

Moosbeeren-Smoothie

Eine halbe Tasse Moosbeeren mit einem Esslöffel Zucker marinieren (oder Moosbeerenmarmelade verwenden), mit einer halben Banane und 250 Gramm Joghurt fein pürieren, eventuell mit etwas Milch zur Trinkkonsistenz verdünnen.

Pimpernuss
(Staphylea pinnata)

Familie: Pimpernussgewächse
Volksnamen: Klappernuss

Wenn man Glück hat, findet man in lichten, wärmebegünstigten, krautreichen Wäldern mit kalkreichem Boden die seltene Pimpernuss. Das ist ein bis 5 Meter hoher Strauch mit eschenähnlichen Fiederblättern, der sich im Mai mit weißen, hängenden Blütenrispen schmückt. Daraus entstehen ab September blasenförmige, 2–3-zipfelige grüne Kapseln, in denen bis zu 6 haselnussähnliche Samen klappern, wenn sie reif sind. Vom mittelhochdeutschen Wort „pimpern", „pümpern" für „klappern" leitet sich auch der Name Pimpernuss her, allerdings auch von der angeblich potenzfördernden Wirkung nach dem Genuss der gerösteten Nüsschen oder eines daraus hergestellten Likörs.

Das Aussehen dieser an einer Seite abgeflachten, wie abgeschnitten aussehenden Nüsschen war wahrscheinlich auch die Grundlage für die österreichische Legende aus dem Raum Steyr, der zufolge sich Klosterfrauen aus Angst vor Schändung durch Feinde die Nasenspitzen abgeschnitten haben sollen. Sie vergruben ihre Nasenspitzen und aus jeder wuchs eine Pimpernuss.

Archäologische Funde aus der Bronzezeit bezeugen, dass die Samen als Nahrungsmittel und zur Schmuckherstellung verwendet wurden und vielerorts gelten die Nüsschen als Glücksbringer: Je mehr Samen sich in der geöffneten Kapsel befinden, desto mehr Glück wird man haben, und in der Börse sorgen sie dafür, dass der Besitzer niemals in Geldverlegenheit kommt.

Preiselbeere

(Vaccinium vitis-idaea)

Familie: Heidekrautgewächse
Volksnamen: Preißelbeere, Granten, Riffelbeere

Der immergrüne Kleinstrauch mit den kleinen, ledrigen, elliptischen, oberseitig glänzend dunkelgrünen Blättchen wird nicht viel höher als 40 Zentimeter und wächst, je nach Standort, kompakt aufrecht oder kriechend. Die Preiselbeere liebt sauren, jedoch kargen Boden und ist deshalb hauptsächlich in Mooren, Moorwäldern, aber auch in Laub- und Nadelwäldern zu finden, wo sie sich mit bis zu einem Meter langen Wurzeln mit Wasser und Nährstoffen versorgt.

Da sie etwas frostempfindlich ist, erträgt sie tiefe Temperaturen nur unter einer isolierenden Schneedecke und blüht erst Ende Mai, Anfang Juni mit rötlichen bis cremeweißen Blüten, die in Büscheln zusammenstehen und von Bienen und Hummeln bestäubt werden. Ab September kann man sich dann auf die Suche nach den erbsengroßen roten Beeren

machen, die mit ihrem herb-säuerlichen Geschmack jedes Wildgericht so köstlich bereichern. Aufgrund verschiedener konservierender Fruchtsäuren sind Zubereitungen aus Preiselbeeren sehr haltbar und ihr Anteil an Mineralstoffen, Vitamin C, B-Vitaminen, Beta-Karotin und Anthocyan macht sie zu einer äußerst gesunden Wildfrucht. Die Volksheilkunde bediente sich schon immer der Beeren, aber auch der Blätter als Heilmittel gegen Nieren- und Blasenentzündung sowie Steinleiden. Ob man den Preiselbeer-Likör zu den „Heilschnäpsen" zählen darf, muss jeder für sich entscheiden, vor, zu oder nach Wildgerichten ist er jedenfalls eine köstliche Verdauungshilfe: Ein halbes Kilogramm Preiselbeeren mit Kandiszucker nach Geschmack vermengen, Saft ziehen lassen, mit 0,7 Liter Korn oder Wodka übergießen und 6 Wochen lang in die Wärme stellen. Nach dem Abfiltern noch etwa 2 bis 3 Monate lang kühl und dunkel reifen lassen.

Rauschbeere
(*Vaccinium uliginosum*)

Familie: Heidekrautgewächse
Volksnamen: Trunclbeere, Moorbeere, Nebelbeere

Der lateinische Namensteil „uliginosum" (nass, sumpfig) bezeichnet damit auch den bevorzugten Wuchsort des Zwergstrauchs, der mit seinen 1 bis 2,5 Zentimeter großen blaugrünen Blättchen und rosaweißen Blütenglöckchen sogar bis in Höhen von 2.500 Metern vordringt. Durch das Kultivieren feuchter Weiden und die Zerstörung von Moorlandschaften nimmt jedoch das Vorkommen der Rauschbeere in Mitteleuropa immer mehr ab.

Im Spätsommer reifen die zwetschkenblauen Früchte, die deutlich größer sind als Heidelbeeren, aber im Gegensatz zu diesen ein helles Fruchtfleisch haben und etwas weniger schmackhaft sind. Aus ihnen lässt sich Marmelade, Saft oder Likör herstellen und die Volksheilkunde verwendete sie wie Preiselbeere und Beerentraube gegen Harnwegsinfekte.

Beim Menschen soll der Genuss der rohen Beeren leichte Vergiftungserscheinungen wie Kopfschmerzen und Übelkeit hervorrufen, eventuell auch rauschähnliche Zustände, auf die der Name schon hindeutet.

Für ein Geschöpf im Moor ist die Rauschbeere allerdings lebenswichtig: der sehr selten gewordene und stark gefährdete Hochmoorgelbling, ein Tagfalter mit kräftig gelben Flügeln, legt seine Eier nur auf die Blätter der Rauschbeere und ist somit auf diese, seine einzige Nahrungspflanze angewiesen.

Roter Holunder
(Sambucus racemosa)

Familie: Holundergewächse
Volksnamen: Hirschholunder, Traubenholunder, Waldholder

Der Rote Holunder wächst sowohl am Waldrand und auf Kahlschlägen als auch im Schatten großer Bäume. Er braucht zum Gedeihen saure Bodenverhältnisse und ist deshalb im Mühlviertel oft anzutreffen. Schon von Weitem leuchtet das Korallenrot seiner kegelförmigen Fruchtstände, die als eine der ersten Waldbeeren erscheinen und mancherorts schon ab Juni geerntet werden können. Die kleinen Früchte müssen, wie bei seinem Verwandten, dem Schwarzen Holunder, vor dem Verzehren erhitzt werden, damit das Magen- und Darmbeschwerden hervorrufende Glycosid Sambunigrin zerstört wird. Auch die in den Beeren enthaltenen Kerne sollten durch Passieren entfernt werden. Das Fruchtfleisch ergibt köstliche Fruchtgelees oder Marmeladen, der Fruchtsaft wurde in der Volksheilkunde gegen Hals- und Mandelentzündung getrunken.

WALDHOLDERSAFT

1 kg Traubenholunderbeeren • 250 g Zucker
Schale einer halben, unbehandelten Zitrone

Beeren abzupfen, waschen und mit der Zitronenschale in einen Topf geben. Mit ¾ l Wasser auffüllen und im geschlossenen Topf köcheln, bis die Beeren geplatzt sind. Eine halbe Stunde stehen lassen und dann durch ein Tuch pressen. Den gewonnenen Saft mit dem Zucker noch einmal 2 bis 3 Minuten lang aufkochen und sehr heiß in Flaschen füllen, verschließen und liegend auskühlen lassen. Der Saft schmeckt grapefruitähnlich, säuerlich und kann mit Wasser, aber auch mit Sekt aufgegossen werden.

Sanddorn
(Hippophae rhamnoides)

Familie: Ölweidengewächse
Volksnamen: Fasanenbeere, Seedorn, Sandbeere

Beim Spaziergang entlang von Bach- und Flussauen kann es vorkommen, dass man die großen, langsam wachsenden Sanddornsträucher mit Silberweiden-Gebüschen verwechselt. Beim näheren Hinsehen erkennt man aber spitze Dornen zwischen den graugrünen, lanzettlich schmalen Blättern, die im Gegensatz zur Weide keinen gesägten, sondern einen glatten Blattrand haben, der sich leicht nach oben rollt. Die weißfilzige Behaarung der Blattunterseite gibt allerdings beiden Pflanzenarten ihren silbrigen Schimmer.

Der ursprünglich aus Nepal stammende, zweihäusige (es gibt männliche und weibliche Sträucher) Sanddorn bevorzugt kalkreiche Standorte und kann sich durch ein flaches, sich 12 Meter im Umkreis erstreckendes Wurzelsystem in flachgründigen, sandigen Böden fest verankern.

Die winzigen, gelb- bis bronzefarbenen Blüten im April sind unscheinbar. Umso mehr fallen die üppigen, walzenförmigen Fruchtstände voller orangeroter Beeren der weiblichen Pflanzen ins Auge, unter denen sich die Zweige von August bis November geradezu biegen.

Die Früchte enthalten ungewöhnlich viel Vitamin C, Gerbstoffe und Vitamin B12 und werden als Saft und Marmelade verarbeitet. Das im Fruchtfleisch vorhandene Öl beinhaltet mehrere ungesättigte Fettsäuren und Carotin und ist ein wertvoller Bestandteil in Hautpflegeprodukten.

Rohe Sanddornbeeren in Honig eingelegt und kühl und dunkel aufbewahrt sind ein immunstärkender Vitaminspender.

Schlehe
(Prunus spinosa)

Familie: Rosengewächse
Volksnamen: Schwarzdorn, Heckendorn, Schlehdorn

Die schwarze, im Alter rissige Rinde gibt dem lichthungrigen Strauch seinen Namen. Seine dornenbewehrten Äste bilden schnell undurchdringliche Gebüsche und bieten damit vielen heimischen Vogelarten beim Nestbau Schutz. Der selten gewordene Neuntöter spießt seine erbeuteten Insekten, Käfer und Mäuse auf die langen Dornen der Schlehengebüsche in der Nähe seines Brutplatzes, um sie besser zerkleinern zu können und einen Nahrungsvorrat anzulegen. Überhaupt ist der Schwarzdorn mit seinem Nektar-, Pollen- und Fruchtangebot eine der wichtigsten Wirtspflanzen für unsere heimische Tierwelt.

Schon lange bevor die verkehrt eiförmigen Blätter erscheinen, blüht die Schlehe im März und April mit zarten weißen Blüten und kann somit nicht mit dem Weißdorn verwechselt werden, dessen Blüten erst nach dem Blattaustrieb hervorkommen. In der Volksheilkunde galten die Blüten als Blutreinigungs- und Magenmittel und konnten unter dem Namen „Flos acacia germanica" in Apotheken zur Verwendung als Abführtee gekauft werden.

Die Früchte schmecken stark sauer und herb, erst der Frost im Spätherbst macht sie für uns Menschen etwas genießbarer, sofern uns die Vögel noch einige Exemplare am Strauch gelassen haben. Dann allerdings kann man daraus den berühmten „Sloe", den englischen Schlehenlikör, herstellen:

Ein Kilogramm Schlehen, 2 Gewürznelken, eine Vanillestange und etwas Zucker werden mit einer Flasche Gin übergossen und 6 Wochen lang im Warmen stehen gelassen. Nach dem Abseihen und einer Ruhezeit hat sich das Gemisch in den köstlichen Schlehenlikör verwandelt.

Andere Zubereitungen wie Saft oder Marmelade erfordern aufgrund des herben Geschmacks der Schlehenfrüchte und der Größe des innen liegenden Steinkerns sehr viel Zeit und Enthusiasmus.

Schneeball
(Viburnum opulus)

Familie: Schneeballgewächse
Volksnamen: Herzbeere, Glasbeere, Wasser-Schneeball,
Dampfbeere

Feuchte Bachufer sind der ideale Standort für den „Gemeinen" also Gewöhnlichen Schneeball, der mit seinen großen weißen Schirmblüten im Mai unzählige Insekten, besonders Fliegen anlockt. Seine sommergrünen, dreilappigen Blätter, die im Herbst den schnellwüchsigen Strauch leuchtend orangerot färben, sind gegenständig angeordnet, d. h. sie stehen sich am Zweig genau gegenüber.

Schon ab August verwandeln sich die Blütenrispen in hellrote Beerendolden, deren einzelne, bis 10 Millimeter großen Beeren mit dem flachen, herzförmigen Steinkern im Inneren durch ihre glänzende Oberfläche aussehen, als wären sie aus Glas. Diese Beeren haben es allerdings in sich: Isst man einige davon roh, steigt einem der strenge Duft nach Valeriansäure, die auch im Baldrian vorkommt, in die Nase und der bittere Geschmack hält einen von weiteren Verkostungen ab. Dennoch wurden die „Dampfbeeren" in der Volksheilkunde als Lungenheilmittel (Dampf: früher für Asthma, Atemnot) genutzt, und eine (Heil-)Marmelade oder Sirup daraus soll entsprechend der Signaturenlehre herzstärkend wirken. (Signaturenlehre: Erklärungsmodell für Wirkungen und innere Zusammenhänge in Form von Analogien in Gestalt, Farbe und Struktur.) Verwechslungen mit dem „Wolligen Schneeball", der warme, trockene Standorte liebt und weiche, samtige, eiförmige Blätter sowie schwarz-rote, ungenießbare Beerendolden hat, sind eher unwahrscheinlich.

Schwarzer Holunder
(Sambucus nigra)

Familie: Holundergewächse
Volksnamen: Holler, Hollerbusch, Holder, Elder, Backholder

Spricht man vom Holler, meint man gemeinhin den Schwarzen Holunder, einen bis zu 10 Meter hohen Strauch mit graubrauner Rinde und gegenständigen, gefiederten, am Blattrand fein gezähnten Blättern. Da er gedüngte, stickstoffreiche Böden liebt, ist er schon lange ein Begleiter menschlicher Siedlungen und wurde sowohl als Nahrungsmittel als auch als Heil- und Zauberpflanze so sehr geschätzt, dass man ihn nicht ohne Weiteres umschneiden oder ausreißen durfte.

„Wer fällt einen Holunderstrauch, so sagt ein alter Brauch,
bringt Unglück über Hof und Haus. Drum reiß ihn niemals aus!
Frau Holle wohnt in seinen Zweigen und andre Götter mehr,
darum soll'n wir uns vor ihm verneigen
und den Hut zieh'n ihm zur Ehr!"

Ab Mai erscheinen große, flache, cremeweiße Blütendolden, die einen aromatisch süßen Duft aussenden und für Säfte, Holunderkrapfen, Desserts und getrocknet als schweißtreibender Blütentee (Apotheke: „Flores sambuci") verwendet werden.

Wenn im August die anfänglich grünen Früchte zu rotschwarzen Beeren heranreifen, muss man Amseln, Mönchsgrasmücken, Drosseln und Staren zuvorkommen, um die an Vitamin C und B, Folsäure sowie Kalium reichen Beeren ernten zu können, die man aber nicht roh verzehren darf. Kochen macht das enthaltene, unbekömmliche Sambunigrin unwirksam und dem Genuss des klassischen „Hollerrösters" steht nichts mehr im Weg.

HOLUNDER-GLÜHWEIN

Den Saft der Beeren mit Zimt, Nelken aufkochen und mit Honig süßen. In Verbindung mit einem heißen Salz-Fußbad sollte sich damit eine beginnende Erkältung vertreiben lassen.

Traubenkirsche

(Prunus padus)

Familie: Rosengewächse
Volksnamen: Ahlkirsche, Sumpfkirsche, Elixcn, Ölixn

Die Traubenkirsche ist ein typischer Baum der feuchten Aulandschaft und zeigt das Vorhandensein von Grundwasser an. Wie bei allen Kirscharten finden sich kleine Querstreifen auf ihrer graubraunen Rinde, die sogenannten Lentizellen, die einen Gasaustausch mit der Umgebungsluft ermöglichen. Die elliptischen Blätter mit gesägtem Rand sitzen versetzt an den Zweigen und haben – auch wieder typisch für die Kirsche – 2 rötliche Punkte (Nektardrüsen) am Blattstiel knapp unterhalb der Blattbasis. Von April bis Mai duften die cremeweißen Blüten honigartig, bevor sie sich in die rot-schwarzen Fruchttrauben verwandeln, die dem Baum seinen Namen geben. Diese bittersüßen, erbsengroßen Steinfrüchte umhüllen einen großen Kern, der wegen seines Gehalts an Blausäure-Glycosiden nicht verzehrt werden sollte.

Aus den „Kirschen" wurde jedoch schon von alters her Fruchtmus und Marmelade zubereitet und der daraus gebrannte „Ölixn-Schnaps" in der Volksheilkunde als Arznei gegen den Fuchsbandwurm getrunken. Die Rinde der Traubenkirsche ist reich an Flavonoiden und wurde als blutdrucksenkendes Mittel innerlich und für Umschläge und Waschungen gegen Hautkrankheiten äußerlich verwendet.

Wacholder
(*Juniperus communis*)

Familie: Zypressengewächse
Volksnamen: Kranawitterstrauch, Machandelbaum

Den einheimischen, getrennt geschlechtlichen (es gibt männliche und weibliche Pflanzen) Strauch oder Baum findet man zumeist auf unwirtlichen, trockenen, sandig-steinigen oder moorigen Standorten, da er auf nährstoffreichen Böden vielfach von anderen Gehölzen verdrängt wird.

Seine Rinde ist rotbraun, rissig-faserig und seine 15 Millimeter langen, spitzen, empfindlich stechenden Nadeln machen eine Annäherung schwierig, was ihn aber vor dem Verbiss durch Wildtiere schützt.

Die weiblichen Pflanzen bilden anfangs grünliche, später schwarzblau bereifte, beerenförmige Zäpfchen – die allseits als Gewürz bekannten Wacholderbeeren. Aufgrund ihrer Inhaltsstoffe wurden sie schon von jeher als blähungswidrige und verdauungsfördernde Zutat in Sauerkraut und Kohlgerichten verwendet.

Eine sparsame Verwendung ist dennoch zu empfehlen, da die Beeren in größeren Mengen nierenreizend wirken. In der Schwangerschaft sollte man auf Produkte aus Wacholder überhaupt verzichten. Ein naher Verwandter des Wacholders, der giftige Sadebaum (Juniperus sabina), soll alten Überlieferungen zufolge als Abortivum eingesetzt worden sein.

Der Volksglaube verband mit dem „Wecholter" – althochdeutsch für immergrün, lebendig – Reinigung, Schutz vor Krankheit und Unheil und verwendete ihn für Räucherrituale gegen die Pest (Pestfeuer).

Tipp

Um Entzündungen in Mund und Rachen vorzubeugen, sollte man ab und zu eine Wacholderbeere kauen.

Weißdorn
(Crataegus)

Familie: Rosengewächse
Volksnamen: Hagedorn, Heckendorn, Christdorn, Hagäpfli

Der dornenbewehrte Weißdorn ist ein durch seine hübsche, gelappte Blattform, seine schneeweißen Blüten, seine orangeroten Beeren, die kleinen Äpfelchen gleichen, sowie seine gefurchte, schuppig-rissige Rinde ein auffallender, attraktiver Großstrauch in heimischen Hecken und Waldsäumen, der auch gerne in Parks und Gärten gepflanzt wird.
Ab August kann man die mehlig schmeckenden, nicht allzu saftigen Beeren roh kosten oder zu Marmelade verarbeiten. Die Verwendung der getrockneten und gemahlenen Früchte als Beigabe zum Mehl fürs Brotbacken ist heute schon in Vergessenheit geraten, die Herstellung einer Tinktur aus den Blüten, Blättern und Früchten als den Blutdruck regulierende Arznei und zur Herzstärkung ist hingegen in der Volksheilkunde alt bekannt.

HERZWEIN

Im Frühling je 2 Handvoll Blüten und junge Blätter in Weißwein im Kühlschrank ziehen lassen, im Spätsommer 2 Handvoll reife Beeren dazugeben und nach 6 Wochen abfiltern und als herzstärkendes Mittel gläschenweise genießen. Die mythische und rituelle Bedeutung des Hagedorns wird in Balladen und Musikstücken (Richard Wagner, Bertolt Brecht) besungen. In England wurden zum Schutz vor Verhexung und bösen Geistern Grundstücke mit Weißdornhecken begrenzt, indem man die Stämme zu zwei Drittel einkerbte, sodass sich der Strauch flach auf die Erde legte und ein undurchdringliches Dickicht bildete.

Wetterorakel:
„Viel Weißdorn und Schlehen – gibt im Winter kalte Zehen!"

Die Servus-Familie

Servus ist regional verwurzelt und steht für Werte wie Natürlichkeit, Brauchtum, unvergängliche Schönheit, Lebensfreude, Genuss und das fast vergessene Wissen, in dem unendlich viel Modernität steckt.

ServusTV liefert Kultur, Heimat, Natur, Unterhaltung, Sport und Informationen stets in höchster Qualität – einfach bessere Unterhaltung.

Das **Magazin Servus in Stadt & Land** widmet sich Monat für Monat allen Themen, die das Leben im jahreszeitlichen Rhythmus einfach und schön machen.

Der **Servus Buchverlag** macht in traditioneller Buchmacherkunst die Heimat erlebbar.

Der **Online-Shop Servus am Marktplatz** bietet liebevoll hergestellte regionale Handwerksprodukte.

Die Servus-Familie: Heimat für alle Sinne!

Über die Autorin

....

Susanne Pust ist Kräuter- und Waldpädagogin und Heilkräuterexpertin. In ihren Seminaren, Workshops und Kräuterwanderungen ist es ihr ein Anliegen, die Verwendung der heimischen Wildkräuter in der modernen Küche ebenso zu vermitteln wie auch die alten Rezepte aus der Volksheilkunde, immer darauf bedacht, auch für den Natur- und Ressourcenschutz zu sensibilisieren. Die Autorin ist Gründerin des „Linzer Wildkräuterstammtisches" und lebt mit ihrer Familie in Linz.

© 2016 Servus bei Benevento Publishing, eine Marke der Red Bull Media House GmbH, Wals bei Salzburg · Alle Rechte vorbehalten, insbesondere das des öffentlichen Vortrags, der Übertragung durch Rundfunk und Fernsehen sowie der Übersetzung, auch einzelner Teile. Kein Teil des Werkes darf in irgendeiner Form (durch Fotografie, Mikrofilm oder andere Verfahren) ohne schriftliche Genehmigung des Verlages reproduziert oder unter Verwendung elektronischer Systeme verarbeitet, vervielfältigt oder verbreitet werden. Titelsatz aus einer Kalligrafie von Karl Starzer, Satz aus der Hoefler Text und The Sans. · Medieninhaber, Verleger und Herausgeber: Red Bull Media House GmbH · Oberst-Lepperdinger-Straße 11–15 · 5071 Wals bei Salzburg, Österreich · Gestaltung und Satz: graficde'sign. pürstinger, Alex Stieg · Bildredaktion: Angela Neumann · Bilder: Cover: © StockFood / Eising Studio – Food Photo & Video · Innenteil: S. 6 RolfAasa/iStock; S. 9 Artenex/fotolia; S. 11 Shutterstock/LianeM; S. 15 Simon Wheeler Ltd/Getty Images; S. 17 mauritius images/Emmanuel LATTES/Alamy; S. 18 Westend61/Larissa Veronesi/Getty Images; S. 20 ajt/iStock; S. 22 gabriela schaufelberger/iStock; S. 24 Judith Bicking/iStock; S. 26 Shutterstock/Igor Sokolov; S. 29 Shutterstock/Vlad Siaber; S. 30 Flora Press/MAP; S. 33 Flora Press/GWI; S. 35 mauritius images/Tim Gainey/Alamy; S. 37 GAP Photos/FhF Greenmedia; S. 40 Flora Press/GWI; S. 42 FoodCollection/picturedesk.com; S. 44 Shutterstock/Madlen; S. 46 mauritius images/imageBROKER/Erhard Nerger; S. 48 Cora Niele/Getty Images; S. 51 Andrea Wilhelm/fotolia; S. 53 AGEphotography / iStock; S. 54 mauritius images/Flowerphotos/Gillian Plummer; S. 57 mauritius images/ID1974; S. 59 zeljko77/fotolia; S. 62 Shutterstock/olenaa · Druck und Bindung: Druckerei Theiss

Printed in Austria
ISBN 978-3-7104-0047-6
1 2 3 4 5 6 7 8 / 19 18 17 16